수란 무엇인가?

QU'EST-CE QU'UN NOMBRE?
by Benoît Rittaud

민음 바칼로레아 049

수란 무엇인가?

브누아 리토 | 김인수 감수 | 정은비 옮김

민음in

● 일러두기

1 본문 가장자리에 있는 사과 는 이 책을 통해 반드시 이해해야 하는 핵심 개념을 표시한 것입니다.
2 본문 아래쪽의 주는 독자들이 본문 내용을 쉽게 이해할 수 있도록 한국어판에 특별히 붙인 것입니다.
3 인명 및 지명 표기는 한글 맞춤법 통일안 및 외래어 표기 규정을 따랐습니다.
4 본문에 사용한 부호 및 기호의 뜻은 다음과 같습니다.
  - 전집, 단행본: 『 』
  - 신문, 잡지: 《 》
  - 개별 작품, 논문, 기사: 「 」

차례

CAUTION
5 8 7 4 2 0 3
저 녀석의 정체는 도대체? ...

질문 : 수란 무엇인가?

1, 2, 3, 4, 5, 6……. 우리에겐 너무나 익숙하고 자연스러운 수들이다. 이런 수들이 지난 2500여 년 동안 수학자들의 고민거리였다면 믿을 수 있겠는가?

우리는 태어나면서 수와 함께 살아가는 법을 배운다. 실생활에서도 그렇고 학교 교육에서도 그렇다. 수가 없이는 나이를 말하거나 물건 값을 치르는 것은 물론이거니와 일을 시작하고 마칠 때를 정할 수가 없다. 그뿐만이 아니다. 우리가 먹고 입는 모는 것에도 수가 필요하다. 이처럼 수는 수학자가 아닌 일반인들에게도 살아가는 데 매우 편리한 도구가 되어 준다.

보통 수를 셀 수 있고 '사칙 연산'을 할 줄 알면, '수'의 개념을 안다고 생각한다. 그러나 실제는 이와 거리가 있다는 걸

알 수 있다. '2 더하기 2는 4'라는 문장 속에서 '2'와 '4'가 뜻하는 것은 무엇일까? 아마 대다수 사람들은 이 질문에 대답하기 위해 2개의 사과에 다른 2개의 사과를 더하면 총 4개의 사과가 된다는 식으로 설명할 것이다. 맞는 말이다.

그러나 다음과 같은 경우는 어떨까? 당신이 서초동 2번지에 살고 당신의 가장 친한 친구는 연희동 2번지에 살고 있다. 여기에서 2개의 2를 더한 4는 어떤 의미일까? 이에 대한 답은 '어떤 의미도 없다.'이다. 서초동 2번지의 '2'는 '2개의 사과'에 사용된 2와 동일한 개념이 아니다. 2라는 동일한 수학 기호로 표현되지만, 서로 다른 의미를 지니게 되는 것이다.

소위 '숫자로만 표현되는' 세상 속에는 번호, 양, 기수,• 서수• 등 여러 가지 수들의 개념이 뒤엉켜 있다. 누구든 일단 이런 복잡한 수 개념의 정글 속에 빠지면, 그 의미를 파악하는 데 어려움을 겪게 된다. 우리가 일상생활 속에서 접하는 수만 해도 그 종류가 얼마나 많은지 모른다. 전화 번호와 신용 카드 번호, 자동차 번호, 운전 면허증 번호, 의료 보험 카드 번호…….

• • •

기수 수 가운데 기초가 되는 수로서 0과 자연수를 말한다.
서수 사물의 순서를 나타내는 수이다.

자신의 인적 사항을 나타내는 다양한 번호들만으로도 우리는 충분히 혼란스럽다.

언제부턴가 0과 1이라는 숫자는 문명 사회의 상징이 되어 버렸다. 0과 1을 부호로 삼아 온갖 복잡한 일을 척척 해내는 컴퓨터 덕분이다. 당장 여러분이 보고 있는 이 책만 해도 중요한 정보를 수많은 숫자로 표기해 전달하고 있다. 책의 차례에 표기된 숫자들은 몇 쪽에 어떤 내용이 실려 있는지를 알려 준다. 책 뒤표지를 보면 바코드가 인쇄되어 있다. 바코드 아래에는 ISBN(국제 표준 도서 번호)이 나와 있고, 그 아래에는 책의 가격이 씌어 있다.

그런데 이 모든 것들을 과연 '숫자' 라는 명칭 속에 한데 묶어도 되는 것일까? 아니다. 그것은 우리 몸을 보호해 주는 구조물이라는 이유로 영불 해협의 해저 터널, 산속의 오두막집, 정원에 딸린 작은 창고를 모두 '집' 이라고 부르는 것과 마찬가지로 부적절한 표현이다.

수를 사용할 때에는 그 의미에 주의해야 한다. 소위 '숫자' 가 등장할 때에는 단순한 상황도 복잡해지는 경우가 많다. 이런 문제를 해결하기 위해서는 의미의 미세한 차이를 포착할 수 있어야만 한다.

현재 우리의 배낭 속에는 모두가 다 잘 알고 있는 두 가지 장

비가 들어 있다. 덧셈, 뺄셈, 곱셈, 나눗셈이라는 사칙 연산과 수의 크기를 비교하는 개념 말이다. 이제부터 우리는 이 장비들을 가지고 희귀한 새를 잡기 위해 매복하는 조류학자처럼 '숫자' 라는 이름으로 불명확하게 취급되었던 다양한 의미를 찾아 나서려 한다. 미리 말해 두는데, 그 의미의 세계는 우리가 생각했던 것보다 훨씬 더 큰 놀라움을 선사해 줄 것이다.

1

수의 세계를
어떻게 이해해야 할까?

가격과 운동 선수 등 번호의 구조적 차이는 무엇일까?

한 대형 스포츠 용품 회사의 최신 광고 포스터를 들여다보자. 세 명의 럭비 선수가 탈의실에서 관중들에게 등을 돌린 채 대기하고 있다.

선수들의 유니폼에는 각각 다른 번호가 적혀 있다. 그 번호들 위에는 줄이 그어져 있고, 아래에는 원래 번호보다 크기가 작은 숫자가 씌어 있다. 그리고 그 위에는 '세일(SALE)' 이라는 영문이 대문자로 크게 적혀 있다.

이 광고 포스터가 전하려 하는 의도는 명확하다. 같은 숫자라 해도 그 의미가 다를 경우에 일어날 수 있는 혼란을 소재로 삼은 것이다.

럭비 선수들의 등 번호는 물건의 가격처럼 내려갔다 올라갔다 하는 것이 아니다. 따라서 등 번호의 숫자 크기는 실질적으로 중요하지 않다.

하지만 가격은 다르다. 가격은 숫자 크기에 매우 민감하여 자주 오르락내리락할 수 있다. 결국 이 포스터는 등 번호와 가격 사이의 구조적인 차이를 강조해 보는 이로 하여금 재미를 안겨 주고 있다. 여기서 가격은 객관적인 자료(물건을 얻기 위해 지불해야 하는 값)의 표현인 반면, 선수들의 등 번호는 순전히 관례에 따라 정해진 것이다.

이와 같이 가격이나 등 번호를 나타내기 위해 보통 **아라비아 숫자**를 사용한다.

아라비아 숫자라는 명칭은 유럽 인들이 중세에 아라비아 인들을 통해 숫자를 알게 된 데에서 비롯되었다.(아마 아라비아 인들은 인도인들로부터 이것을 배웠을 것이다.) 때론 Ⅰ, Ⅴ, Ⅹ, L, C와 같은 로마 숫자를 사용하기도 하는데, 이는 각각 아라비아 숫자 1, 5, 10, 50, 100에 해당한다.

수는 숫자만을 의미하는가?

'수' 라는 단어는 일상생활 속에서 다양한 의미로 사용된다. 이 과정에서 '어떤 것을 세거나 헤아린 양' 이라는 개념보다는 더 넓은 의미로 확장된다.

예를 들어 우리는 어떤 학생이 수학 문제를 신나게 풀고 있는 모습을 보고, '숫자와 사랑에 빠졌군.' 이라는 표현을 쓰기도 한다. 물론 여기에서 학생이 사랑에 빠진 '숫자' 는 단순히 수 자체만을 가리키는 것이 아니다. 그것은 학생이 연인을 대하듯 몰두하고 있는 수학적인 개념들을 뜻한다.

또 우리는 이해득실을 잘 따지는 사람을 보고 '셈이 빠르다.' 고 한다. 이때 셈은 단순한 숫자 계산이 아니라 이해타산에 대한 판단을 의미한다.

이처럼 '수' 로 나타낼 수 있는 의미는 무척 다양하다. 그래서 종종 혼란을 불러일으킬 여지가 있는 것도 사실이다.

'0, 1, 2, 3, 4, 5, 6, 7, 8, 9' 라는 열 개의 아라비아 숫자는 '숫자로 된 단어' 를 구성할 수 있는 기초 '벽돌' 이다. 숫자로 단어를 만드는 방식은 문자로 단어를 만드는 방식과 비슷하다. 단어를 구성할 때 모든 문자의 조합이 다 가능하듯이 숫자의 조합도 마찬가지다.

물론 "갸읺"과 같은 단어의 경우에는 어떤 의미도 갖지 못하듯이 로마 숫자에서도 XVX나 IIV와 같은 조합은 허용되지 않는다.

'숫자로 이루어진 단어'는 사실상 번호에 가깝다. 그래서 숫자로 표현되긴 하지만 번호는 수로서 별다른 의미를 가지고 있지 않다. 예를 들어, 요한 계시록의 한 구절을 살펴보자.

> "누구든지 이 표를 가진 자 외에는 매매를 못하게 하니 이 표는 곧 짐승의 이름이나 그 이름의 수라. 지혜가 여기 있으니 총명한 자는 그 짐승의 수를 세어 보라. 그것은 사람의 수니 그의 수는 666이라." (요한계시록 13:16~18)

신약 성서의 이 구절에서, 666은 세 개의 6으로 이루어진 묶음일 뿐이다. 다시 말해 666은 상징일 뿐 어떤 양을 나타내는 것이 아니다. 대다수 사람들은 이 666이란 숫자가 어떤 짐승 666마리라거나 그 짐승과 관련된 666명의 사람을 나타낸다고는 생각하지 않는다.

번호는 어떤 집합을 이루는 대상들에게 체계적인 방식으로 정확한 명칭을 부여하고자 할 때에도 사용된다.

번호 사용의 대표적인 예로는 주민 등록 번호가 있다. 한 개인을 번호로 축약하여 표현하는 이 방식은 개인을 사회적 존재로서 규정하는 데 이용된다.

이 번호는 1은 남자, 2는 여자라는 사회적 합의에 따른 것이다. 따라서 수학과는 전혀 무관한 규칙에 따라 결정된다. 만일 성을 구별하는 번호를 정할 때 여자를 1, 남자를 2로 한다 해도 달라질 것은 전혀 없다.

이처럼 잘 고안된 숫자형 명칭은 수많은 사람들 속에서 개인을 구별하고, 길을 찾는 일을 쉽게 해 준다. 우리는 '0, 1, 2, 3, 4, 5, 6, 7, 8, 9' 라는 열 개의 숫자를 사용해 수백만 개의 명칭을 체계적인 방식으로 만들 수 있다.

예를 들어 단지 열세 개의 숫자로 이루어진 주민 등록 번호는 4700만 명이 넘는 우리나라 전체 인구 중에서 오직 한 명을 식별해 낼 수 있게 해 준다. 만일 숫자가 아닌 성과 이름으로 한 개인을 구별하려 든다면 수많은 동명이인이 나타나 그 속에서 헤매야 할 것이다.

수비학은 수의 비밀을 알려 주는가?

주민 등록 번호의 경우처럼 우리는 수와 명칭 간의 관계를 통해 여러 가지 정보를 파악할 수 있다.

예를 들어 전화번호의 두 숫자를 더해서 얻는 값은 아무런 의미도 없다. 하지만 이런 의미 없는 값들도 숫자형 명칭이라는 테두리 안으로 끌어들이면 의미를 지니게 만들 수도 있다.

아직도 우리 사회에 남아 있는 수비학•이 대표적인 경우이다. 수비학은 다양한 숫자들을 밑도 끝도 없는 계산으로 뒤섞은 다음, 이를 통해 개인의 성격이나 행동을 분석하는 사이비 과학의 일종이다.

사이비 과학은 아주 오래전부터 인간의 삶과 함께해 왔다. 그것은 아직 수학적 또는 과학적 사고가 이루어지지 못했던 시대의 지적인 혼란에서 비롯된 유물이다.

숫자에 대한 수비학적 조작은 정치적인 목적으로 이용되기도 했다. 특히 종교 개혁 시대에는 문자와 숫자를 억지스레 연

•••

수비학(numerology) 숫자의 과학이라는 뜻. 라틴 어로 숫자를 가리키는 누메루스(numerus)와 사고, 표현 등을 의미하는 그리스 어 로고스(logos)에서 나왔다. 고대인들은 미래를 예언하기 위해 사용했는데, 태곳적부터 인류는 수가 마법적인 힘을 갖고 있다는 믿음을 가지고 있었다. 예를 들어 행운의 7, 죽음을 의미하는 4, 기독교에서 사탄을 뜻하는 666 등은 오늘날에도 자주 언급되는 숫자들이다. 수비학은 기본적으로 숫자가 지닌 신비한 힘이나 메시지를 파헤친다. 따라서 수비학을 사용하면 이름에 쓰인 글자들을 숫자들로 치환할 수 있고, 생년월일 등으로 운명을 예측할 수 있다.

결시켜, 요한 계시록에 등장하는 불길한 짐승의 수 666을 특정한 종교 지도자의 이름과 결부시키기도 했다.

당시 신교와 구교 두 집단은 상대편 지도자의 이름에 들어 있는 알파벳을 각각 특정한 수로 바꾼 뒤, 그 수의 합이 666에 가깝게 만들었다. 그러고는 서로 상대 집단의 지도자의 이름이 666을 나타낸다고 우겨댔다.

이때 이름자의 각 알파벳에 연결되는 숫자는 마구잡이로 결정되었다. 그러나 당시에는 그 누구도 666이 **기수법**° **의 밑수**에 의해서만 규정된다는 사실을 지적하지 못했다.

십진법은 가장 효율적인 기수법인가?

385라는 수량은 세 개의 백, 여덟 개의 십, 다섯 개의 일로 이루어진다. 이처럼 일의 단위, 십의 단위, 십의 제곱 단위(즉, 백 단위), 십의 세제곱 단위(즉, 천 단위) 등으로 나타내는 것을

기수법 임의의 수를 일정한 개수의 숫자를 이용해 표현하는 방법이다. 일반적으로 0에서 9까지 10개의 수를 사용한 십진법이 가장 많이 알려져 있으며 그 외에도 이진법, 오진법 등이 있다.

기수법 중에서도 '십진법' 이라고 한다.

만일 기수로 12를 사용한다면 385라는 숫자도 십진법에서와는 다른 값을 갖게 된다. 다섯 개의 일, 여덟 개의 십이, 세 개의 십이의 제곱으로 이루어지는 수가 된다. 이 수를 십진법으로 바꾸면 5+(8×12)+(3×12×12)로, 그 값은 533이 된다.

같은 방식으로, 666이 십이진법을 사용한 수라면, 여섯 개의 일, 여섯 개의 십이, 여섯 개의 십이의 제곱으로 이루어진다. 따라서 십진법 상에서 계산을 해 보면 6+(6×12)+(6×12×12)로, 942라는 값을 갖게 된다.

십진법과 십이진법은 수를 나타내는 여러 가지 표현 방식 중 두 가지 예일 뿐이다. 콜럼버스*가 신대륙을 발견하기 전에는 이십진법이 사용되기도 했고, 메소포타미아 시대에는 육십진법이 사용되기도 했다. 오늘날 컴퓨터를 작동하는 데에는 이진법이 사용되고 있다.

이처럼 여러 기수법이 있는데 오늘날 십진법이 널리 사용되

콜롬버스(1451~1506) 이탈리아의 탐험가. 지구가 둥글다는 것을 믿고 대서양을 서쪽으로 항해하여 쿠바, 자메이카, 도미니카 및 남아메리카와 중앙아메리카에 도착하였다.

는 이유는 무엇일까?

가장 설득력 있는 대답은 우리가 10개의 손가락을 가지고 있기 때문에 이를 사용하여 때론 복잡한 계산을 보다 쉽게 할 수 있다는 것이다.(하지만 안타깝게도 오늘날에는 손가락으로 셈을 하는 기발한 방법이 환영받지 못하고 있다. 이 방법은 구구단을 외지 못하는 학생들이나 사용하는 잔꾀 정도로 여겨지고 있다.)

오늘날 우리가 사용하는 기수법인 십진법은 매우 효율적이다. 십진법을 사용하면 아무리 큰 수량이라도 불과 몇 개의 숫자로 나타낼 수 있다. 가령 지구와 태양의 거리처럼 150000000킬로미터에 이르는 아주 큰 숫자도 별 어려움 없이 나타낼 수 있다. 또 반대로 0.00000000529센티미터처럼 극히 작은 소수까지도 무리 없이 표현할 수 있다.

그러나 일상생활에서 이처럼 크거나 작은 숫자를 사용하는 일은 극히 드물다. 대체로 네댓 개의 숫자면 충분히 가격이나 양, 면적 등을 나타낼 수 있다.

숫자가 너무 커 읽기 어려운 경우에는 숫자를 나타내는 문자의 도움을 받기도 한다.

이를테면 지구와 태양 사이의 거리를 나타낼 때에는 숫자로만 표기한 '150000000' 대신 '1억 5천만'으로 표기하기도 한다. 만화「땡땡」*에 나오는 아독 선장만 해도 배에 있는 '1조

개의 창'을 결코 '1000000000000개의 창'으로 적지 않는다. 이처럼 숫자를 문자로 표기하는 것은 매우 유용하게 사용되는 방법이다.

반면, 읽기 어려울 만큼 큰 숫자를 의도적으로 그대로 표현하는 경우도 있기는 하다. 봉투 한 귀퉁이에 '긴급'이라고 씌어 있는 선전용 우편물이 좋은 예이다. 그런 우편물에는 흔히 '당신이 아래 금액에 당첨되었다.'는 말과 함께 0이 끝없이 달린 숫자가 크게 적혀 있다. 물론 그 아래에는 작은 글씨로 실제로 그 금액에 당첨된 것이 아니라는 설명이 덧붙여 씌어 있기는 하다.

이것은 매우 예외적인 경우로 숫자의 시각적 효과를 노려 사람들의 관심을 끌기 위한 것이다.

●●●

땡땡 벨기에 만화가 에르제가 연재한 인기 만화로 우리나라에는 「틴틴의 모험」이라는 제목으로 방영되었다.

2

수의 순서와 양은 왜 중요한가?

수의 순서 구조란 무엇인가?

645와 같은 번호는 십진법이라는 수학적인 구조로 배열된 것이 아니라면, '육백 사십 오'가 아닌 '육 사 오'로 읽는 것이 옳다. 이것은 마치 한국 고속 철도를 나타내는 KTX를 '케이티 엑스'라고 읽는 것과 같다. 하지만 국제 축구 연맹을 나타내는 FIFA는 '에프 아이 에프 에이'로 나누어 읽지 않고, '피파'라고 읽는다.

이런 경향은 숫자를 읽을 때에도 마찬가지이다. 이는 번호가 단순히 숫자의 묶음이 아니라 의미를 내포하고 있을 때에 더욱 그러하다.

당신이 서초동 2번지에 살고 있고, 꽃가게는 12번지, 빵집은 18번지에 있다고 가정해 보자. 이런 배치에서는 꽃가게가

당신의 집과 빵집 '사이에' 있게 된다. 여기에서 2, 12, 18은 단순히 속이 빈 조개껍질과 같은 것이 아니다. 서로 비교할 수 있는 의미가 되고, 배열 순서에 영향을 미친다. 이는 알파벳 순서와 비슷해 사전에서 GDF가 EDF와 SNCF 사이에 있는 것과 마찬가지이다.

어떤 수가 단순히 '숫자형 명칭'에 그치지 않고 다른 숫자들과 순서상으로 분류가 가능할 때, 우리는 이를 **순서수**(또는 차례수)라 한다. 쪽 번호도 순서수 중 하나이다.

어떤 책에서 154쪽을 찾으려고 할 때, 우리는 일일이 한 쪽씩 넘겨보지 않는다. 책의 중간쯤을 펼친 다음 쪽 번호를 확인하고, 그에 따라 앞이나 뒤로 책장을 넘겨 해당 쪽수를 곧 찾는다. 책이 두꺼울 경우에는 이런 과정을 몇 번 반복해 자기가 원하는 쪽을 찾을 수 있다. 우리는 여기에서 수의 **순서 구조**를 발견할 수 있다.

알파벳 순서가 어떤 규칙에 따라 정해진 것이 아니라 인습에 따른 것이듯 수의 순서 또한 자의적으로 정해진다. 순서 구조는 어떤 목록에서 특정 요소를 찾아내는 과정을 크게 단축시킨다.

만일 단어들이 아무렇게나 뒤섞인 사전 속에서 하나의 단어를 찾아야 한다면 쓸데없이 많은 시간이 들 것이다.

수의 세계에는 순서 구조가 있어서 특정 요소를 찾고자 할 때 시간을 절약할 수 있다.

예를 들어 n개의 단어를 묶은 사전에서 어떤 단어를 찾으려면, 통계학적으로 계산했을 때 평균적으로 2분의 n개의 단어를 살펴봐야만 한다. 아무리 작은 사전이라고 해도 이런 일을 한다는 것은 엄청난 시간이 소요된다.

수학자들은 정해진 규칙에 따라 수의 순서가 정리되어 있는 것을 가리켜 '사전 편집 순서' 라고 부른다. 이는 25가 392보다 작고 17보다 크다고 말할 수 있는 근거가 되며, 어떤 자료를 정리할 때에도 많은 시간을 절약하게 해 준다.

이런 사실은 현대 정보 사회에서 정보를 분류하는 데 중요한 역할을 하는 **자료 구조** 와 관련이 있다. 앞에서처럼 단어의 위치를 빠르게 파악할 수 있도록 해 주는 방법을 '이분법' 이라고 한다.

이 방법은 알파벳에서 찾으려는 단어를 둘러싼 두 단어, 즉 앞 단어와 뒤 단어의 위치를 파악한 다음, 대략 그 '중간' 에 있는 단어를 찾는 것이다. 그리고 찾는 단어가 '중간' 에 위치하

자료 구조 자료를 처리하는 입장에서 자료 사이에 존재하는 관계를 개념적으로 정리한 것을 말한다. 자료 사이의 참조 관계에 따라 선형 구조, 나무 구조, 망 구조 등으로 분류된다. 또 자료 처리 중에 구조나 크기가 변하는지 그렇지 않은지에 따라 정적 자료 구조와 동적 자료 구조로도 분류된다.

는 단어의 앞에 있는지 뒤에 있는지를 판단한다. 이런 작업은 취급하는 단어 전체를 둘로 나누는 역할을 한다.

실제로 이 방법이 늘 똑같은 방식으로 사용되는 것은 아니다. w로 시작하는 단어를 찾을 경우, 우리는 곧장 사전의 뒷부분으로 이동하지 정확히 반으로 나눈 가운데를 펼치지는 않는다. 하지만 찾고 있는 단어를 둘러싼 뒤 점차 그 범위를 좁혀 들어가는 기본적인 원리만은 변하지 않는다.

이분법이 효율적인 것은 사전의 단어들이 구성되어 있는 방식 덕분이다. 이를 달리 표현하면, 체계의 효율성은 자료의 구조에 따라 결정된다.

하나의 단어를 찾을 때 거쳐야 하는 단계의 횟수는 다음과 같다. 25만 개의 단어를 포함하는 상용 사전의 경우, 이분법을 적용하면 열여덟 번의 단계로 족하다. 만일 이런 자료 구조가 없는 사전이라면, 단어를 찾기까지 약 12만 5000번의 단계가 필요하다.

순서 구조를 지닌 번호에는 **기수**와 **서수**가 있다. 하나, 둘, 셋 등 수량을 나타내는 것은 기수이고, 첫 번째, 두 번째, 세 번째 등 차례를 나타내는 것은 서수이다. 어떤 항목의 첫 번째와 *n*번째의 요소 사이에는 정확히 *n*개의 요소들이 존재한다. 이와 마찬가지로, 연극에서 3막은 1막과 2막이 끝난 뒤 이어지는 세 번째 막이라는 뜻이다.

숫자를 알파벳 문자로 바꿀 경우에는 알파벳 순서가 존중될 때에만 서수의 의미가 보존된다.

예를 들어 학교에서 자주 쓰는 성적 표기법을 살펴보자. 이것은 특정한 점수 기준에 따라 문자를 부여하는 방법으로, 가령 100점 만점에서 90점 이상일 때는 A를, 80점 이상 90점 미만일 때는 B를, 70점 이상 80점 미만일 때는 C를 부여한다. 이때 A는 아주 잘 했음, B는 잘 했음, C는 보통을 뜻한다.

여기서는 문자와 숫자가 서로 순서대로 상응해 성적이 좋을수록 알파벳 앞에 있는 문자가 주어진다.

하지만 이 방법은 여러 요소들을 복합적으로 평가해야 할 때에는 그다지 좋지 않다. 그때에는 보편적으로 여러 요소의 점수들을 평균 내는 방법이 사용된다.

이와 같은 연산을 실행할 때에는 또 다른 수의 개념이 필요하다. 바로 '수량' 개념이다.

덧셈은 내적 구성법을 바탕으로 하는가?

가격, 옷의 치수, 감자의 무게, 걸린 시간 등 이런 것들을 표시할 때 사용하는 숫자는 우리가 일상생활에서 쉽게 접하는 것들이다. 그런데 이 숫자들은 단순한 번호가 아니라, 앞에서 언급한 순서 구조를 뛰어넘는 양적 요소를 포함하고 있다. 이를 '수량' 이라고 한다.

'감자 2킬로그램' 의 2와 '서초동 2번지' 의 2에는 어떤 차이가 있을까? 그것은 이들 숫자가 양을 나타내느냐, 그렇지 않느냐와 관련 있다. 앞의 2에는 다른 2를 추가해 감자 4킬로그램을 만들 수 있다. 하지만 뒤의 2에는 다른 2번지를 더하는 것이 아무런 의미가 없다.

수량을 더하는 문제는 꽤 간단해 보인다. 기본적인 규칙은 같은 성질의 수량끼리만 더할 수 있다는 것이다. 이를테면 당근에다 파를 더할 수는 없다. 이런 뒤섞임을 방지하기 위해 우리는 각 수량에 '측정 단위' 란 것을 붙여 준다.

즉, 센티미터에는 센티미터를 더하고, 킬로그램에는 킬로그램을 더하는 식이다. 또 같은 성질의 수량은 길이와 시간, 돈 등과 같은 보다 포괄적인 명칭 아래에서 다시 통합된다.

이때 각각의 명칭들은 더할 수 있는 의미들의 전체적인 범위를 결정짓는다.

시간을 예로 들어 보자. 시간은 시를 나타낼 수도 있지만, 분도 포함하고 있다. 시간과 관련해서 '2+3=5' 라는 결과를 얻으려면, '2시간+3시간' 이거나, '2분+3분' 이어야만 한다. '2시간+3분' 일 경우에는 '2시간 3분' 일 뿐이다.

이처럼 단위가 정해져 있으면, 5시간이라는 결과를 얻기 위해 2시간에 3시간을 더하는 게 어려운 일이 아니다. 이런 덧셈을 가리켜 **내적 구성법**을 바탕으로 했다고 한다. 곧 내적 구성법은 앞의 예에서처럼 두 개의 시간(2시간과 3시간)으로부터 세 번째 시간(5시간)을 만들어 내는 규칙으로, 시간의 덧셈을 가능케 하는 것이다.(단, 단일한 종류의 시간끼리 더한다는 사실을 다시 한 번 유념하자.)

가끔 측정 단위에 혼란이 생기는 경우도 있다. 예를 들어 3개의 당근과 4개의 파가 있다고 치자. 여기에서 3개와 4개를 더하는 것은 아무런 의미가 없다. 왜냐하면 당근과 파는 서로 세는 단위가 다르기 때문이다. 그러나 이 두 개를 보다 포괄적인 '채소' 라는 단위에 포함시키면, 3개와 4개를 더하는 것이 의미를 갖게 된다.

반대로, 단위가 같은데도 더하는 것이 망설여지는 경우도 있다. 20센티미터의 전선과 10센티미터의 휴지의 길이를 더할 때이다. 이 둘은 재는 단위는 같지만, 서로 더할 수가 없다. 여기에서 재는 단위는 '센티미터' 가 아닌 '전선의 센티미터' 와 '휴지의 센티미터' 로 구분되어야 한다.

문제가 발생하는 또 다른 경우는 특정한 종류의 수량과 관련된 것이다. 예를 들어, 냄비 속에 20도의 물 1리터와 40도의 물 1리터를 넣게 되었을 경우이다.

이 경우 물이 2리터가 되는 것은 맞지만, 온도는 60도가 되지 않는다. 온도에 적용되는 구성 방법은 '평균'이기 때문에, 결과적으로 물의 온도는 20과 40의 평균값인 30도가 된다. 소리의 세기를 측정하는 단위(데시벨)나 지진의 강도를 나타내는 단위(리히터 규모)의 경우에는 다루기가 더 까다롭다.

어찌됐건, 두 개의 수량을 더해서 하나의 간단한 숫자로 만들어 내는 것은 쉽고 효율적인 방법이다. 하지만 이 방법을 적용할 때에는 분명히 조심해야 할 부분들이 있다.

곱셈을 기하학적으로 풀이할 수 있을까?

곱셈에 대한 이야기를 하자면 시작부터 복잡하다. 7개의 당근이 있다. 그중 3개를 왼쪽에 놓고, 나머지 4개를 오른쪽에 놓아 보자. 이때 '3+4'라는 계산의 답은 더할 나위 없이 간단하다. 두 묶음을 합쳐 당근 7개라는 한 묶음을 만들면 된다.

그렇다면 '3×4'의 경우는 어떨까? 이를 덧셈의 연장선상에서 파악하는 고전적인 방법은 다음과 같다. '3이라는 수치가 4번 있다.' 즉, '3+3+3+3'으로 이해하는 방법이다. 달리 말하면, 당근 '3×4'개는 3개의 당근에, 또 3개의 당근, 또 3개의 당근, 또 3개의 당근을 더해서 합이 12개가 된다는 것이다. 이는 매우 간단한 방법처럼 보인다.

'그렇다면 4×3이 의미하는 것은 무엇일까?'라는 질문을 던지기 전까지는 말이다. 위와 같은 방법을 적용시키면 '4+4+4'가 될 것이다.

그런데 여기서 우리는 '3+3+3+3'과 '4+4+4'의 결과가 12로 같다는 것을 발견할 수 있다.

이를 곱셈의 **교환 법칙**이라고 한다.

이론상으로는 곱셈의 교환 법칙에 아무런 문제가 없지만, 실제 적용에 있어서는 '3×4'와 '4×3'은 같은 의미가 아니다.

예를 들어, 육상 경기에서 '400×4 릴레이'는 4명의 선수들이 각자 400미터를 달리는 것을 의미한다. 이를 결코 '4×400 릴레이'라는 식으로 표기하지는 않는다. 후자의 경우에 400명의 선수가 각각 4미터를 뛰는 것으로 그 의미가 바뀌기 때문이다. 이처럼 곱셈을 덧셈의 연속적인 개념으로 파악하게 되면, 수량을 나타낼 때 '3×4 = 4×3'이라고 단언하기는 어렵다.(이에 대해서는 다음 장에서 보다 자세히 살펴보도록 하겠다.)

그렇다면 '3×4'와 '4×3'이 결과에서 동일할 뿐만 아니라, 의미도 같다는 사실을 증명하려면 어떻게 해야 할까?

역사상 이런 문제를 가장 먼저 제기한 것은 고대 그리스 학자들로 알려졌다.

그들은 곱셈을 기하학적인 개념으로 풀어 설명했다. 예를 들어 3에 4를 곱하는 것은 가로와 세로의 길이가 각각 3과 4인 직사각형의 면적을 구하는 것과 마찬가지라고 보았다.

이는 단번에 곱셈의 교환 법칙이라는 문제를 해결하는 획기적인 방법이었다. 왜냐하면 가로와 세로 길이가 각각 3과 4로 이루어진 직사각형을 조금만 회전시키면 4와 3으로 이루어진 직사각형으로 바꿀 수가 있기 때문이다.

이런 방식으로 곱셈을 설명하면 교환 법칙은 더 이상 문제

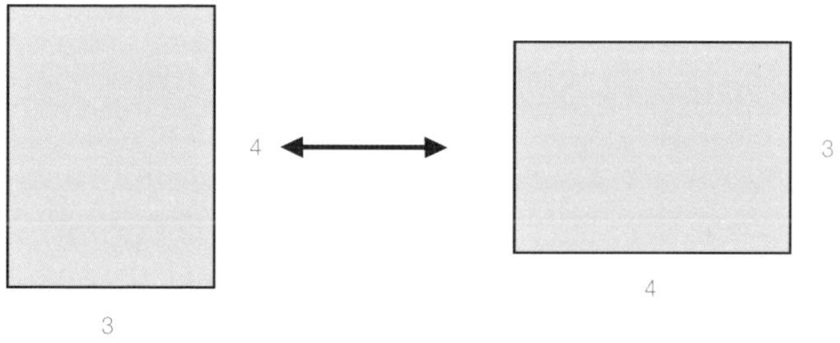

'3×4'과 '4×3'의 교환 법칙에 대한 기하학적 설명이 가능하다.

가 되지 않는다. 4라는 수량을, 그 단위가 어떻든 간에 4라는 선의 길이로 간주하여 모든 연산을 기하학적으로 풀이하면 된다. 덧셈이면, 선 두 개를 잇는다고 생각하면 되고, 뺄셈이면 선의 끝부분을 잘라 낸다고 생각하면 된다.

곱셈의 경우에는 우리가 이미 살펴보았듯이, 직사각형의 면적을 구한다고 생각하면 된다. 이보다 더 간단한 방법은 없어 보인다.

곱셈은 외적 구성법을 바탕으로 하는가?

안타깝게도 도형이 곱셈의 모든 경우를 설명해 주지는 않는다. 예를 들어, 2+(3×4)와 같은 경우는 어떻게 될까? 이를 기하학적으로 풀이하면 3×4는 직사각형의 면적을 나타내는 것이다. 이렇게 되면, 결국 2 또한 면적으로 보아야만 이 식에 대한 설명이 가능하다.

또 2×3×4는 어떻게 설명할 수 있을까? 이에 대한 답은 변의 길이가 각각 2, 3, 4인 직육면체의 부피를 구하는 방법에서 찾을 수 있다. 2, 3, 4는 각각 가로, 세로, 높이가 되는 것이다. 어쨌든 문제가 해결이 되긴 했으나 도형이 점점 복잡한 형태를

곱셈을 기하학적으로 설명할 때 네 개의 숫자의 곱만 되어도
4차원으로 넘어가 계산이 복잡해지고 만다.

띠기 시작했다. 이제부터는 입체적인 도형을 통해서만 설명이 가능하기 때문이다.

그러나 이런 방법으로도 설명이 부족한 경우가 있다면 어떻게 할까? 먼저 2×3×4×5는 어떤 기하학적인 의미로 설명할 수 있을까?

앞에서와 같은 방법을 적용한다면, 4차원 공간이 필요하게 된다. 면의 길이가 2, 3, 4, 5인 '4차원 입방체'를 구성하고 그로부터 '4차원 부피'를 측정해야만 하기 때문이다. 세 개의 숫자에서 단지 한 개의 숫자가 더 붙는 것뿐인데, 이를 기하학적으로 표현하면 훨씬 복잡해지고 만다.

고대 그리스 인들은 이에 대한 고민을 할 엄두조차 내지 못했다. 19세기에 이르러서야 4차원 이상의 고차원에 대한 연구가 시작되었다. 이때까지 연산을 기하학적으로 바라보는 관점은 오랫동안 잊혀져 왔다. 그도 그럴 것이 괜히 4차원을 언급해서 문제를 더욱 복잡하게 만들 필요가 없었기 때문이다.

예를 들어 2+(3×4×5)+(6×7)과 같은 연속적인 연산을 살펴보도록 하자. 여기에서 3×4×5는 가로, 세로, 높이의 길이가 각각 3, 4, 5인 직육면체의 부피로 해석될 수밖에 없다. 이 부피에 2라는 수를 더하려면 2 또한 부피여야만 한다. 또 뒤에 오는 6×7도 면적이 아닌 부피여야만 한다. 그렇다면 적어도 6이나 7 중에 어느 하나는 단순한 길이가 아닌 면적을 나타내야 한다.

그래도 곱셈은 덧셈에서는 찾을 수 없는 융통성을 가지고 있다. 다른 성질의 수량끼리도 곱할 수 있기 때문이다. 예를 들어 길이와 면적을 곱해서 부피를 만들 수 있다. 그러나 이런 융통성에는 언제나 대가가 따르게 마련이다.

만일 '이것' 이라는 단위와 '저것' 이라는 단위가 있다 치자. 이 둘을 곱하면 그 결과의 단위는 '이것저것' 이 된다. 이와 마찬가지로, 그리스 인들의 기하학적 접근에 따라 3×4는 그 크기가 3인 길이와 4인 길이를 곱하는 것으로 보고, 이때의 단위를 미터라고 하자. 그러면 그 결과인 12의 단위는 제곱미터가 된다.

이처럼 곱셈으로 계산되어 나온 단위와 처음에 식에 쓰였던 단위는 일치하지 않는다. 이는 즉 곱셈이 내적 구성법이 아닌 **외적 구성법**을 바탕으로 한다는 것을 보여 준다. 연산 과정에서 곱셈의 계산 결과로 혼합된 단위가 나타나게 되면 수량에도 보다 복잡한 변형이 생긴다.

두 개의 수량 사이에서 이루어지는 나눗셈은 여러 면에서 곱셈과 비슷하다. '이것' 이라는 단위 수를 '저것' 이라는 단위의 수로 나누면, 그 결과의 단위는 '저것 분의 이것' 이 된다.

대표적인 예로는 속도가 있다. 거리를 시간으로 나눈 결과가 속도인데, 일반적으로 속도의 단위는 시간당 킬로미터(km/h)로 표기한다.

그러나 문제가 되는 것들도 있다. 일주일 동안의 근무 시간이 35시간이라고 하자. 이 값은 주당 35시간으로, 시간을 시간으로 나눈 것이다. 그렇다면 수학적인 관점에서 보면 '35시간'이라는 표현은 잘못된 것일까? 과연 어떤 단위로 35를 표현해야 할까? 대답을 하기 전에 또 다른 수학적인 개념을 먼저 살펴보고 가도록 하자.

3

연산자는 언제 필요할까?

연산자란 무엇인가?

머리카락을 4등분했다고 가정해 보자. 지금까지 우리가 살펴본 내용을 제대로 이해했다면, 여기에서 '4'의 성질에 대해 의문을 갖게 될 것이다. 이때 4는 단순한 숫자도, 번호도, 순서수도 아니다.

그렇다면 단위가 머리카락인 단순한 수량을 나타내는 것은 아닐까? 이 질문에 대한 답은 그렇기도 하고 그렇지 않기도 하다는 것이다. 왜냐하면 잘라지는 대상이 굳이 머리카락일 필요가 없기 때문이다. "무엇이든지 4조각으로 나누시오."라고 하면 그만이 아닌가.

4라는 숫자는 그 대상에 관계없이 고유하게 변함없이 남아 있으며 물리적인 행동(4개의 조각을 만들기 위해 자르는 행동)을 하도록 만든다. 이렇게 되면 어떤 것을 측정 단위로 규정해야 할지 고민부터 될 것이다. '무엇이든지'를 단위라고 할 수는 없지 않은가!

수학적 고민을 하기로 마음먹었으면, 더 이상 이전과 같은 시각으로 세상을 바라보아서는 안 된다. 우리가 쉽게 사용하는 표현들 속에서도 교묘하게 숨은 수학적 개념을 찾아낼 줄 알아야 한다.

우리는 이미 앞에서 '3×4'를 덧셈의 연속으로 간주하려 했을 때, 이와 같은 수학적 사고의 세계를 접한 바 있다. 같은 맥락에서, '400×4릴레이'에서 400은 미터로, 수량과 관련이 있다는 사실을 알 수 있었다.

반면, 4는 하나의 단위가 아닌, 연산의 반복 횟수를 의미했다. 이에 따라 '400×4'는 '400+400+400+400'으로 바뀌게 되었다. 여기에서 문제는 4라는 숫자를 릴레이에 참가하는 선수의 수로 간주하면서 발생한다. 왜냐하면, '400×4'의 결과는 1600인데, 이는 선수들이 뛴 전체 거리를 의미한다. 그리고 이 전체 거리의 단위도 역시 미터이지, '미터×선수의 수'가 아닌 것이다.

따라서 '400×4'가 각각 명확한 단위를 나타내는 두 개의 수량을 곱한 것이라고 결론짓는 것은 성급한 일이다. 단순히 400

이 아닌 '400×' 까지를 하나로 보는 것이 올바른 시각이라 할 수 있다. 수학적으로는 이를 '연산자' 라고 한다.

연산자는 필요한 자료를 줄여 주는가?

덧셈에서 쓰이는 내적 구성법과 곱셈에서 쓰이는 외적 구성법에서는 세 번째 수를 만들어 내기 위해 두 개의 자료가 필요하다. 반면에, '400×' 와 같은 연산자에서는 새로운 자료인 1600미터를 만들어내기 위해, 4라는 하나의 자료만이 필요하다.

연산자는 항상 곱셈에만 적용되는 것은 아니다. x축과 y축으로 이루어지는 그래프에서 진행되는 '해전 게임' 이 있다고 가정해 보자.

이 게임에서 x축은 A부터 J까지의 문자로 짜여지고, y축은 1부터 10까지의 숫자로 구성되어 전체적으로 격자판을 만들어 낸다.

만일 게임을 하는 사람 중 한 명이 A–1로 어뢰를 발사한다면, 여기에서 1이 갖는 의미는 무엇일까?

이 숫자는 하나의 번호로서 격자판의 각 칸들 사이의 순서 구조를 나타내며, 서로간의 거리를 파악하는 데 중요한 역할을 한다.

한편, 이 게임에는 덧셈이 개입된다. A-1에 있는 어뢰가 세 칸에 걸쳐 세로로 놓인 함선을 건드렸다고 생각해 보자.

A-1의 1에다가 함선의 길이에 해당하는 세 칸을 더한 위치인 A-4에 함선의 반대편 끝이 위치하리라는 것을 예상할 수 있다. 반면, 만일 함선이 가로로 놓여 있다면, 함선의 반대편 가장자리는 A에 세 칸을 더한 D에 위치할 것이다.

이 모든 것은 연산자의 개념으로 설명이 가능하다. A-1의 1과 상대편 함선의 길이에 해당하는 3을 더하는 '덧셈'은, 연산자 '1+'를 3에 적용시킨 것으로 해석할 수 있다. 다만 여기서 주의해야 할 점은, 이 경우에 연산자 '1+'가 1에서 9까지의 숫자에만 적용될 수 있다는 사실이다. 격자판에는 10을 넘는 칸이 없기 때문이다.

백분율도 편리한 연산자인가?

연산자 중에는 그 사용이 매우 빈번하기 때문에 특별히 별도의 명칭이 부여된 것이 있다. 이를테면 **백분율**(%)이 그러한 경우이다.

수학적으로 47퍼센트와 같은 표현은 47을 100으로 나눈 결과인 0.47을 나타낸다. 천분율(‰)● 도 있는데 그 원리는 백분율과 같다. 백분율이나 천분율은 각각 그 앞에 오는 숫자를 100과 1000으로 나눈다는 뜻이다.

'47퍼센트의 사람들은 다음과 같이 생각한다.' 와 같은 문장에서처럼 백분율은 비율을 나타낼 때 주로 사용된다. 이런 경우에 백분율은 0퍼센트에서 100퍼센트 사이에서 표현되는데, 사실상 그 범위는 0과 1 사이이다. 왜냐하면 0퍼센트는 100분의 0이고, 100퍼센트는 100분의 100, 즉 1이기 때문이다.

그러나 백분율이 100퍼센트를 넘는 경우도 있다. 이는 범위가 정해지지 않은 나눗셈의 답을 표기할 때 발생하게 된다.

이때 백분율은 전체의 의미를 갖게 된다. 이를테면 특정한 상품의 판매율이 아주 많이 증가했을 때, 우리는 '200퍼센트

● ● ●

백분율 전체 수량을 100으로 하여 그것에 대해 가지는 비율 또는 그것을 나타내는 단위. 기호는 %이다.

천분율 천분비에 쓰이는 기호는 ‰이다. '퍼밀' 이라고 읽으며, 비율과 농도 등을 나타낼 때 쓰인다. 예를 들어 바닷물 1000그램 속에 35그램의 염화나트륨이 용해되어 있다면 바닷물의 농도는 35‰로 나타낸다.

백분율은 가장 널리 쓰이는 편리한 연산자로,
많은 사람들이 백분율이 들어간 문장을 신뢰한다.

달성' 이니 '300퍼센트 달성' 이니 하는 말을 하게 된다. 또한 축구팀의 코치가 선수들에게 능력의 '110퍼센트' 를 발휘해 줄 것을 요구한다면, 이는 경기에서 최선을 다 해 달라는 뜻이다.

앞에서 언급한 35시간의 예는 일상생활 속에 숨어 있는 비율의 존재를 잘 드러내고 있다. 사실 '주당 35시간' 이라고 하면 그것은 '일주일의 전체 시간(168시간) 중 일하는 시간' 의 비율을 뜻한다.

다시 말해 0과 1 사이의 수로 비율을 나타내지 않고 '전체 168시간 중 35시간' 이라는 표현을 쓰고 있다.

바꿔 말하면 주당 노동 시간이 168분의 35, 즉 약 0.21퍼센트의 비율에 해당하지만, 그런 표현은 잘 쓰지 않는다. 이처럼 우리는 '168분의' 보다는 '주당' 이라는 표현에 더 익숙해져 있다.

비율은 다소 복잡한 수학적 개념이다. 이를 정확하게 설명하려면 이 책 전부를 할애해도 모자랄 것이다. 다행스럽게도 백분율은 비율을 대체할 수 있는 직관적인 면을 가지고 있어서, 비니어 등에서 유용하게 쓰인다.

백분율은 논쟁을 할 때에 사용하는 객관적인 자료에도 자주 등장한다. 프랑스 누벨프로티에르 여행사의 최고 경영자인 자크 마이요의 말에 따르면, 90퍼센트의 사람들이 백분율이 포함된 문장을 신뢰한다고 한다. 이러한 사실로 미루어 볼 때 백분율은 놀라운 수학적 도구임에 틀림없다.

4

수는
삶의 한가운데에 있을까?

진정한 수는 어디에 있을까?

파인만*의 자서전에는 엄청나게 복잡한 계산을 머릿속으로 척척 해내는 천재 암산가를 만났던 이야기가 나온다. 그 천재 암산가는 놀라운 암산 능력을 가졌는데도, 수학적인 기초 개념조차도 잘 이해하지 못했다고 한다. 이를 두고 파인만은 "그는 숫자를 조작할 줄은 알았지만, 수에 대해서는 무지했다."고 적고 있다.

●●●

리처드 파인만(1918~1988) 미국의 물리학자로 양자 전기 역학을 연구해 재규격화 이론을 완성했다. 여기서 사용된 파인만 다이어 그램은 이론 물리학에 널리 이용되고 있다. 1965년에 재규격화 이론 연구의 업적으로 노벨 물리학상을 수상했으며, 저서로는 『파인만의 물리학 강의』, 『파인만 씨 농담도 잘하시네』 등이 있다.

그렇다면 우리는 어떨까?

지금까지 우리는 여러 수를 단순한 수로 한데 묶지 않도록 주의하면서 숫자와 번호, 수량의 개념을 살펴보았다. 사실 '수'라는 개념은 매우 추상적이어서 그에 대한 실용적인 예를 찾는 데에도 어려움이 없지 않아 있었다.

수를 바라보는 첫 번째 방식은 단위가 없는 양으로 간주하는 것이다. 물론 양의 의미를 고려해 보면 단위가 없다는 것 자체가 모순일 수 있다. 두 번째로는 수와 연산자(이는 단위가 아니다.)를 묶어서 보는 방법이 있다. 세 번째는 고대 그리스 인들이 수에 하나의 단위(길이)를 부여했듯이, 수를 어떤 특정한 양으로 구체화시키는 방법이다. 그러나 이 경우에 곱셈의 예에서 보았듯이, 수의 수학적 위치가 변하게 된다. 길이끼리의 곱셈은 외적 구성법(길이×길이=면적)인 반면, 우리가 기대하는 것은 내적 구성법으로 이루어지는 수끼리의 곱셈이다.(수×수=수)

일상생활에서 '수'의 순수한 개념을 접하기는 어렵다. 그나마 프랑스에서 방영했던 텔레비전 프로그램 「숫자와 문자」에 등장하는 '숫자'를 통해 우리는 진정한 '수'를 발견할 수 있다. 이 프로그램의 출연자들은 사칙 연산을 수행하여 주어진 숫자에 가까운 답을 만들어 내야 한다. 마지막에는 두 팀의 답을 비교하여 주어진 숫자에 가장 가까운 숫자를 만들어 낸 쪽이 이기게 된다. 이 게임에서 단위는 철저히 배제된다. 이처럼 유희적 추상 작용에 사용되는 '숫자'야말로 진정한 '수'에 가장 가까운 것이라 할 수 있다.

왜 수가 무엇인지 알아야 할까?

굳이 '수'의 순수한 개념을 정의해야만 할까? 이미 우리는 일상 속에서 다양한 것들을 양 또는 번호라는 '수'의 개념들로 정의해 왔다. 사실 이 정도면 충분하지 않을까?

지금까지 언급한 개념들만으로도 '수'에 대한 많은 문제들을 해결할 수 있다. 심지어는 수학의 이론적인 면에서 발생하는 문제들도 풀 수 있다.

수학자들조차도 애써 수에 대한 정확한 정의를 내리려고 하지 않는다. 수학자들이 처음으로 **자연수**에 대한 설득력 있는

자연수 1부터 시작하여 하나씩 더하여 얻는 수를 통틀어 이르는 말. 1, 2, 3, 4 등이다.

정의를 내린 것은 1899년에 들어서면서부터이다. 유클리드● 이래 2000년 이상, 메소포타미아 시대의 율법학자들 이래 4000년 이상의 시간이 흐른 후이다.

자연수를 처음으로 개념화시킨 사람은 이탈리아의 수학자인 주세페 페아노●이다. 그는 선사 시대부터 존재했던 개념을 바탕으로 자연수에 대한 다섯 개의 공리를 제시했다. 공리는 우리가 증명하지 않아도 옳다고 전제하는 명제이다.

페아노의 첫 번째 공리에 따르면 **'첫 번째 자연수**는 1이다.'

두 번째 공리는 '어떠한 자연수이건 간에 그 다음에 오는 자연수가 존재한다.' 는 것이다. 1의 경우에는 2가 따라오게 되고, 2 또한 자연수이기 때문에 그 뒤에는 3이 따라온다. 그리고 모든 자연수에 대해 이런 식의 반복이 계속된다.

세 번째 공리는 '1 앞에 오는 자연수는 없다.' 는 것이다.

●●●

유클리드(B.C. 325~B.C. 265) 고대 그리스 수학자로, 이전의 수학자들의 연구를 집대성해 『기하학 원본』을 완성했다. 이를 두고 일반적으로 '유클리드 기하학' 이라고 한다. 삼각형 내각의 합은 180도라는 정리 같은 것들이 그 내용을 이룬다.

주세페 페아노(1858~1932) 이탈리아의 수학자이자 논리학자이다. 직관에 얽매이지 않고 기하학을 건설하기 위해 기하학의 공리화를 시도했다. 그의 의도는 나중에 힐베르트의 『기하학의 기초』로 결실을 맺었다. 결합의 공리와 순서의 공리에 관한 연구로 유명하다.

네 번째 공리는 '두 개의 서로 다른 자연수는 그 다음에 오는 수가 동일할 수 없다.' 는 것이다.

다섯 번째 공리는 좀 더 복잡하다. 이것은 앞에서 제시한 공리가 되풀이 되는 것으로 다음과 같다. '어떤 자연수들의 집합이 1을 포함하고, 그 집합의 모든 원소에 대해 그 다음 수를 포함하면, 그 집합은 자연수 전체의 집합이다.' 이 공리는 수학자들이 자연수의 덧셈과 곱셈에 대한 정의를 포함하여, 자연수 전체에 대한 논리를 전개할 수 있는 근거가 된다.

자연수를 정의하려는 다른 수학적 이론들은 20세기에 들어서면서 등장하기 시작했다. 현재 이 이론들은 우리가 접하는 수학의 바탕을 이루는 것으로 아주 중요한 역할을 하고 있다.

'양 5마리', '소 5마리', '돼지 5마리' 와 같은 수치 자료들을 보면, 우리는 측정 단위 외에 또 다른 유사점을 발견할 수 있다. 그것은 바로 '5' 라는 수이다. 이는 추상적인 개념인 동시에 하나의 수식어이다. 즉 왼손의 손가락 개수와 그 정도가 같은 요소들로 구성된 모든 전체에 적용되는 수식어인 것이다. '5', '2', '67', '666' 과 같은 숫자들 사이의 관계를 이해하는 것은, 단위에 상관없이 이 숫자들이 의미하는 양과 관련된 모든 영역을 이해하는 것이다.

따라서 '2+2=4' 라고 말하는 것은 하나의 진정한 정리 체계라 할 수 있다. 그리고 이를 다음과 같이 응용하여 끝없이 적용시킬 수 있다. '소 2마리 더하기 소 2마리는 소 4마리', '양 2마리 더하기 양 2마리는 양 4마리', '돼지 2마리 더하기 돼지 2마리는 돼지 4마리', 또 연산자 '2×' 더하기 연산자 '2×'는 연산자 '4×'…….

물론 페아노 이전에도 우리는 '2+2=4'라는 것쯤은 알고 있었다. 그러나 문맥이나 상황을 배제한 순수한 '수'의 개념을 정의하는 것도 중요하다는 사실을 잊지 말아야 한다.

왜냐하면 특정한 물체가 특정한 상황에서 이동하는 방식을 아는 것보다 전체적인 움직임의 일반적인 법칙을 이해하는 것이 더 유용할 때가 있기 때문이다. 다시 말해 수많은 부분적인 변화보다 수의 일반적인 개념을 이해하는 것이 더 편리할 경우도 있는 것이다. 마치 추상적인 개념을 이해하기 위해서는 구체적인 상황을 생각하지 말아야 하듯이 말이다.

수를 알게 되면 무엇이 가능할까?

오늘날 수의 과학인 **산술**은 우리의 삶 한가운데에 위치하고 있다. 특히 고대의 피타고라스학파의 말처럼 '모든 것이 수'로 이루어진 컴퓨터는 더욱 그러하다.

실제로는 사용될 수 없었던 페르마[●]의 복잡한 산술 결과를 비웃었던 17세기의 사람들이 오늘날처럼 수가 지배하고 있는 세상을 보면 깜짝 놀랄 것이다. 신용 보장이나 전자 상거래를 위해서 하루에도 수천 번씩 비밀 번호가 입력되는 현대인의 일상이 알고 보면 산술의 일부분이기 때문이다.

수는 결코 볼 수 있는 실체가 아니다. 유니콘과 같은 전설 속의 동물처럼 우리는 그 존재를 짐작해 볼 수밖에 없다. 과연 한 손의 손가락 수와 지구의 대륙 수에서 비슷한 점을 발견한다고 해서 '5'의 존재를 아무런 검증 없이 받아들여야만 할까?

이와 같은 수의 존재에 대한 질문은 일반적인 수학적 대상들의 존재에 대한 좀 더 포괄적인 논의의 일부분이다. 대다수 수학자들은 수의 세계가 플라톤이 말한 '이데아의 세계'와 유사한 세계 속에 존재한다고 본다. 반면, 인간의 뇌에 있는 특정한 구조 때문에 수의 개념(더 일반적으로는 수학)이 시간과 장

●●●

피에르 드 페르마(1601~1665) 프랑스의 수학자. 17세기 최고의 수학자로 손꼽히는 페르마는 근대의 정수 이론 및 확률론의 창시자로 알려져 있고, 좌표 기하학을 확립하는 데에도 크게 기여했다. 나중에 뉴턴이 미적분학에 응용했던 극대값과 극소값을 결정하는 여러 가지 방법을 창안했다.

소를 초월해 보편적일 수 있다는 주장도 있다.

하지만 수가 존재하는지 아닌지를 아는 것이 과연 그렇게 중요한 문제일까? 소설가가 소설을 집필하는 동안에 주인공을 실존 인물처럼 느끼는 게 큰 도움이 되듯이 수학자도 수가 실재한다고 믿는 편이 연구에 더 효과적일 것이다. 이를 제외하면, 수의 실재를 믿는 것은 일종의 사상적 충성으로 보인다.

사실 수의 실재 여부를 파헤치는 것보다 더 중요한 것은 추상적인 '수' 개념이 현실에서 어떻게 적용되는지를 아는 것이다.

일상 속에서 우리는 번호가 무엇인지 알고 나면 전화를 걸 수도 있고, 복권을 살 수도 있다. 또 서수를 배우면 분류나 순서 배열을 할 수 있고, 크기를 배우면 장사를 하거나 측정을 할 수 있다. 무엇보다 백분율을 이해하면 측량을 할 수 있다. 그리고 '수'의 진정한 본질을 이해한 사람이라면 제대로 수학을 할 수 있다.

더 읽어 볼 책들

- 박경미, 『수학 비타민』(랜덤하우스, 2003).
- 버나드 코헨, 김명남 옮김, 『세계를 삼킨 숫자 이야기』(생각의 나무, 2003).
- 아니타 로딕, 지소철 옮김, 『넘버스』(황소걸음, 2005).
- 카를 A. 메닝거, 김량국 옮김, 『수의 문화사』(황소걸음, 2005).
- 케이스 데블린, 석기용 옮김, 『수학으로 이루어진 세상』(에코리브르, 2003).
- 케이스 데블린, 전대호 옮김, 『수학의 언어』(해나무, 2003).

논술 · 구술 기출 문제

논술·구술 시험은 논리적이고 종합적인 사고를 요구한다. 다음에 제시된 문제는 이 책의 주제와 연관이 있는 논술·구술 기출 문제이다. 이 책을 통하여 습득한 과학적 지식과 원리, 입체적이고 논리적인 접근 방식을 활용하여 스스로 문제에 답해 보자.

▶ 수학적 사고란 무엇인가?

옮긴이 | 정은비

한국외국어대 불어과를 졸업했으며, 파리 소르본 대학에서 유학했다. 현재 전문 번역가로 활동 중이다.

민음 바칼로레아 49

수란 무엇인가?

2판 1쇄 펴냄 2021년 3월 30일
2판 5쇄 펴냄 2024년 8월 8일

1판 1쇄 펴냄 2006년 9월 25일
1판 3쇄 펴냄 2013년 9월 19일

지은이 | 브누아 리토
감수자 | 김인수
옮긴이 | 정은비
발행인 | 박근섭
펴낸곳 | ㈜민음인

출판등록 | 2009. 10. 8 (제2009-000273호)
주소 | 06027 서울 강남구 도산대로 1길 62 강남출판문화센터 5층
전화 | **영업부** 515-2000 **편집부** 3446-8774 **팩시밀리** 515-2007
홈페이지 | minumin.minumsa.com

도서 파본 등의 이유로 반송이 필요할 경우에는 구매처에서 교환하시고
출판사 교환이 필요할 경우에는 아래 주소로 반송 사유를 적어 도서와 함께 보내주세요.
06027 서울 강남구 도산대로 1길 62 강남출판문화센터 6층 민음인 마케팅부

ISBN 979 11-5888-811-4 04000
ISBN 979 11-5888-823-7 04000(set)

㈜민음인은 민음사 출판 그룹의 자회사입니다.